Edith von Welser-Ude

Menschen und Miezen

Edith von Welser-Ude

Menschen
und
Miezen

Vom Zauber, mit Katzen zu leben

Mit Texten von
Christian Ude

Kabel

ISBN 3-8225-0568-4
2. Auflage 2001
© Kabel Verlag GmbH, München 2001
Gesetzt aus der Goudy
Gesamtherstellung: Kösel, Kempten
Printed in Germany

Inhalt

Von Anfang und Ende aller Hochkultur 7

Katzengespräche 27

Nicht ohne meinen Menschen!
  Katzen präsentieren sich zum Doppelportrait 37

Aus der Beziehungskiste 65

Bei der Arbeit 89

Zwischen drinnen und draußen 105

Ein finsteres Kapitel 121

Nachts schlafen die Katzen doch 137

Von Anfang und Ende aller Hochkultur

Trotz ständigen Grübelns wissen wir eigentlich wenig Verbindliches über die Frage, woher wir kommen und wohin wir gehen. Richtig gesichert scheint mir nur zu sein, daß die Wegstrecken, die wir in Begleitung von Katzen zurücklegen, zu den glücklichsten zählen.

Warum sollte man überhaupt aufstehen, und das auch noch jeden Morgen, wenn nicht Katzen zu füttern wären, die ihre Mahlzeit lautstark einklagen? Woher sollten wir den festen Glauben nehmen, nützliche Glieder der Gesellschaft zu sein, wenn wir nicht so unzweifelhaft sinnvolle Verrichtungen vollbringen dürften wie die regelmäßige Leerung des Katzenklos? Wer könnte uns die Illusion verschaffen, trotz aller unserer Unzulänglichkeiten im Grunde doch liebenswerte Geschöpfe zu sein, wenn nicht gelegentlich eine schnurrende Liebkosung unsere Knöchel umspielen würde? Und wem sonst sollten wir am Ende eines Bürokampftages unsere unvermutete Warmherzigkeit zu Pfoten legen?

Es hat sich einfach bewährt, daß Menschen mit Katzen zusammenleben. Sogar die Katzen scheinen damit zufrieden zu sein, denn von flüchtigen Miezen ist seltener die Rede als von scheidungswilligen Frauen oder von getürmten Männern, die angeblich nur mal Zigaretten holen wollten, ehe sie von der Bildfläche verschwunden sind. Katzen würden nie Zigaretten holen, weil sie im Gegensatz zu bescheuerten Hunden grundsätzlich nichts apportieren, kommen aber nach aufregenden Tagen und atemberaubenden Nächten in Hinterhöfen, Garagen und Kohlenkellern – für die sie durchaus schon einmal verschwinden – wieder zurück, weil sie gar nicht einsehen, warum sie auf den 24-Stunden-Service zu Hause verzichten sollten. »Was für ein

treues Tier«, freut sich der Katzenhalter, wenn sein vierbeiniger Lebensabschnitts-
gefährte keinem Auto und keinem Katzenfänger zum Opfer gefallen und wieder
heimgekehrt ist. Dabei hat die Rückkehr nichts mit Treue zu tun, allenfalls mit einer
unverfrorenen Anspruchshaltung: »Dosen öffnen! Und zwar ein bißchen plötzlich.«
Aber auch dafür sind wir dankbar. Weil es nur uns gilt!

Wann das glückliche Zusammenleben von Menschen und Miezen begonnen hat,
läßt sich nicht mehr präzise feststellen, wahrscheinlich wie so vieles im Zweistrom-
land, zwischen Tigris und Euphrat. Irgendwann muß eine Katze festgestellt haben,
daß der Mensch ein idealer Hausgenosse wäre; einmal weil er das einzige Lebewesen
war, das überhaupt ansehnliche Häuser errichtete – ein Fuchsbau kam schon wegen
seiner spärlichen Dimensionen nicht in Frage, von sonstigen Unverträglichkeiten
ganz zu schweigen –, zum anderen, weil er genügend Zeit hatte, stets zu Diensten
zu sein – der erste Einzug einer Hauskatze in einem menschlichen Anwesen fand im
Haushalt eines höheren mesopotamischen Beamten statt, allerdings ist leider kein
Doppelportrait der beiden erhalten. Seither gilt die Gesellschaft einer Katze als Beleg
der Muße und der Hochkultur. Der höhere Beamte, der offenbar wirklich nicht
ausgelastet war, erhob die Hauskatze sogar noch zur Gottheit und zelebrierte zu
ihren Ehren aufwendige Riten, was heutzutage selbst extrem unterwürfigen Katzenliebhabern ein wenig überzogen vorkommt, aber im Vergleich zur indischen Verehrung heiliger Kühe doch irgendwie plausibel erscheint.

In Venedig werden miauende Fischräuber heute noch auf dem Markt geduldet und
nicht mit der üblichen mediterranen Grobheit im Umgang mit Viechern vertrieben,

weil im Gedächtnis der Serenissima gut verwurzelt ist, daß Katzen Ratten und Mäuse jagen und damit der beste Schutz vor Pestilenz und schmarotzenden Nagetieren sind. Das muß man einmal gesehen haben, wie ein vollgefressener venezianischer Kater die Holzbrücke dell'Accademia überschreitet, nicht etwa am Geländer entlang, sondern präzise in der Mitte, den Strom der entgegenkommenden Touristen auseinandertreibend mit dem Selbstbewußtsein, hier schon seit Jahrhunderten als Freund und Helfer gebraucht zu werden … Einstmals blühende Städte, in denen die Katzen nicht so in Ehren gehalten wurden, sind mittlerweile längst vergessen.

Oder werfen wir einen Blick in die Ewige Stadt. Die Tempelanlage des Largo Argentino, nahe der Piazza Navona und dem Pantheon gelegen, wäre nur noch eine trostlose Ruinenlandschaft und traurige Erinnerung an eine unwiederbringliche Vergangenheit, wenn da nicht schätzungsweise 300 samtpfötige Tempelbewohner Leben in die Säulenreihen bringen würden und den römischen Katzen-Mutterln – allen voran einstmals Anna Magnani – sinnvolle Aufgaben verschafft hätten. Jetzt heißt es füttern, füttern, füttern – aber nicht nur das: auch Sterilisationen müssen organisiert und finanziert, internationale Patenschaften vermittelt, gefundene Paten per Internet auf dem laufenden gehalten werden. Dank des glücklichen Zusammenwirkens von Mensch und Mieze hat der Largo Argentino eine quicklebendige Gegenwart (mit täglichen Fremdenführern durchs Katzenasyl) und eine verheißungsvolle Zukunft in den Zeiten des Internet. Ohne Katzen wäre er nur eine dieser toten Erblasten im römischen Untergrund, die U-Bahn-Bauer schon an den Rand des Wahnsinns und der Verzweiflung gebracht haben.

So läßt sich mühelos beim Bummel durch die Hochkulturen feststellen, daß Katzen dort höchstes Ansehen genießen. Damit nicht genug: Die Verehrung der Katze als Gottheit, zumindest aber als Überwinderin der Pestilenz oder Beleberin von Ruinen scheint die Voraussetzung dafür zu sein, daß Hochkulturen sich überhaupt erst entwickeln, längere Zeit halten und später in guter Erinnerung bleiben können.

Es sollte deshalb nicht nur als Akt der Tierliebe, sondern endlich auch als kulturelle Leistung anerkannt werden, wenn unsereiner sackweise Katzenstreu die Treppe hinaufschleppt.

Im Altertum wurde die Katze noch als Gottheit verehrt. Amber läßt sich im Schaufenster der Münchner »Naturfundgrube« von Sigrid Burg von der Kundschaft huldigen.

Mini, die Bauernkatze der Schauspielerin Michaela May, thront auf einem eigenen Sofa. Die 16jährige Regentin straft unbotmäßiges Verhalten mit bösem Blick.

13

Murka J. Katz, die im Haushalt des ZEIT-Herausgebers Dr. Josef Joffe und seiner Frau Christine residiert, benimmt sich wie eine edle Kartäuserin, ist aber eine elsässische Scheunenkatze.

14

Lola – als Stadtstreicherin aufgewachsen und vom Tierschutz vermittelt – kontrolliert jetzt das Geschehen einer Altbauwohnung von einem türkischen Kissen aus.

Weißnas bekam regelmäßig von einer Schwabinger Kinobesitzerin Fleisch geschenkt, »weil sie mich mit ihrem Schnurrbart so an meinen ersten Liebhaber erinnert«.

Anton wurde zwar noch nicht vom Schicksal gezeichnet, aber schon oft von seinem Besitzer Reinhard Michl, dem er gerne Modell steht und in die Farbpinsel greift.

17

Kater Purzel, der sich gern auf hohen Ausguckplätzen inszeniert, fühlt sich in der Wohnung der Schneiderin Birgit Meier eigentlich sehr gut verstanden.

Alex, der Kartäuser des Filmproduzenten Theo Hinz, kann seinen Essensbestellungen mit zu Herzen gehendem melancholischen Blick Nachdruck verleihen.

Der rote Riesenkater Tommi, den die Ärztin Dr. Helga Bernhard aus den USA mitbrachte, ist eine Respektsperson. Er hat sogar schon Kaninchen zu Hause angeschleppt.

20

Der Kater des Münchner Dokumentarfilmproduzenten Wolfgang Groth heißt wirklich nur »Kater«, was seine Ungebundenheit unterstreichen soll.

Sie nannte sie »Mücke«. Die SZ-Redakteurin Inés Berber taufte ihre Wohnungsgefährtin, als sie noch besonders klein und zierlich war.

»Die Katze ist der Tiger der Armen«, behauptet *Der literarische Katzenkalender* unter Berufung auf den Volksmund. – Zora, die gern schrecklich wäre.

Kasimir wurde mit seinen Geschwistern im Kleiderschrank der Lehrerin Sabine Schwarz-Wagener geboren und schaut noch höchst erstaunt aus der Wäsche.

Selini auf der Insel Mykonos, ganz entspannt im Hier und Jetzt. »Katzen«, sagt ein Kenner, »verstehen etwas vom Leben: Sie schlafen viel!«

25

Wenn sie groß ist, wird sie zur See fahren – denn Katzen werden auf allen Weltmeeren respektiert und auf allen Schiffen als Glücksbringer geschätzt.

Katzengespräche

Auch namhaften Autoren kann nicht immer Weltliteratur aus der Feder fließen, und so wunderte sich Erich Kästner einmal allen Ernstes, daß er als Katzenhalter jetzt in einer Reihe stehe mit Büstenhaltern und Federhaltern. Dies ist sein Problem, und ich kann auch nachträglich nicht viel dazu beitragen.

Ansonsten aber ist es immer wieder erstaunlich, wie viel wir Katzenhalter miteinander auszutauschen haben. Dabei sind wir im Gegensatz zu Hypochondern nicht auf unerklärliche Leiden, im Gegensatz zu Golfspielern nicht auf zahlreiche Handicaps und im Gegensatz zu Damen der Gesellschaft nicht auf neueste Fettabsaugetechniken angewiesen. Die Katze als solche mit all ihren Launen ist uns abendfüllendes Thema genug.

Man begebe sich einmal bei einem Staatsempfang oder einem geselligen Beisammensein nach der Messeeröffnung oder einer Preisverleihung an den Rand des Saales und nehme das Publikum ins Visier. Auch wenn alle Laute unter einem Lärmteppich verschwinden und keine Worte zu verstehen sind, kann man die Stützen der Gesellschaft allein dank ihrer Mimik und Gestik deutlich voneinander unterscheiden: Mandatsträger geben sich und ihre Wichtigkeit zu erkennen, indem sie ihren übervollen Terminkalender zücken und ungefragt vorzeigen, Unternehmensberater wirken wild gestikulierend auf noch nicht heimgesuchte Unternehmer ein, Bauträger versuchen vergeblich, ein seriöses Gesicht aufzusetzen, vermeintliche Heroen des Neuen Marktes verfolgen den Sparkassenvorstand durchs Getümmel, wählerische

Gourmets rümpfen am Büffet die Nase, um ihre gehobenen Ansprüche zu unterstreichen – und Katzenliebhaber werden schrittweise selber zu Katzen.

Man kann es ganz deutlich sehen. Der Filmproduzent dort drüben, der sich den
Handrücken leckt, hat keinesfalls Rotwein verschüttet oder eine Wunde zu versor-
gen, er demonstriert nur, wie reinlich sein dicker Kater ist – und tatsächlich, jetzt
fährt er sich mit dem frisch geleckten Handrücken durchs Haupthaar über dem Ohr:
So macht es auch Leo, wirklich wahr! Jetzt hält ihm die tiefdekolletierte Dame
vis-à-vis ihre zwei parallel gestreckten Zeigefinger entgegen, läßt sie mal nach rechts
und mal nach links hinüberwandern: So spitzt Samanta, die liebe Kluge, im dritten
Stock die Ohren, wenn Frauchen an der Haustür im Erdgeschoß den Schlüssel ins
Schloß steckt. Das läßt wiederum den Ministerialdirektor in der Runde nicht ruhen,
und er vollführt mit beiden Händen in hohem Bogen einen Vorwärtssprung:
So stürzen sich Philemon und Baucis, die schon 16 Jahre alt sind, voller Schwung
in jeden Karton, der zu Hause nach dem Auspacken neuer elektronischer Geräte
übrigbleibt. Und dann – der Herr Ministeraldirektor hält den Unterarm vor seine
Augen – luren sie stundenlang mißtrauisch aus dem Karton heraus und sondieren
die Lage. Immer gemeinsam. Ist doch unglaublich, nicht wahr?

Nein, das ist noch gar nichts, entgegnet der Abgeordnete, hält seine Fäuste vors
Gesicht und blickt mit grimmig zusammengezogenen Augenbrauen aus der
Deckung: Genau so schaut Kater Murr aus dem Koffer, bevor es wieder abgeht
nach Berlin. Die ständigen Reisen nach Berlin kann er nämlich gar nicht leiden, der
Kater Murr. Aber was soll er machen, der Abgeordnete? Das ist nun mal Parla-

mentarierschicksal. Da ist mein Marlenchen genauso, steuert jetzt die Schauspielerin bei, Marlenchen kann es nicht ausstehen, wenn ich mit dem Einkaufskorb losziehe. Deshalb springt sie, sobald ich meine Sachen zum Shopping beisammenhabe, rein und faucht raus, so etwa. Und dann verkrümmt sie – die Schauspielerin – ihre Finger, fuchtelt damit durch die Luft und stößt so laute fauchende Laute aus, daß der Kellner schon erschrocken schaut, ob er eingreifen muß.

Und mein Leo, entgegnet der Filmproduzent, der kann sogar die Schlafzimmertür öffnen! Auch wenn die Tür richtig ins Schloß gefallen ist. Leo springt dann nämlich mit einem Riesensatz auf die Klinke, so ungefähr . . . Wo wir jetzt schon im Schlafzimmer sind, fährt der Ministerialdirektor fort, Philemon und Baucis gehen nur gemeinsam zur Toilette, ob sie beide müssen oder nicht. Das ist ja rührend, jauchzt die Schauspielerin, wirklich immer zu zweit? Wenn ich es Ihnen sage, insistiert der Ministerialdirektor, der ja schließlich dabei ist, jedenfalls dabei sein kann, weil er einen Katzeneingang in die Toilettentür hineingesägt hat, so daß Philemon und Baucis nie ausgesperrt sind und ihre Geschäfte gleichzeitig mit dem Herrn Ministerialdirektor besorgen können, was so genau eigentlich niemand wissen wollte. Das ist ja rührend, entfährt es der Schauspielerin ein zweites Mal, obwohl sie es dann doch befremdlich findet, daß auch Menschen auf dieser Toilette nicht allein sein können, weil doch Philemon und Baucis durch ihren kleinen Katzeneingang jederzeit . . . Da spürt der Ministerialdirektor, ein Herr der alten Schule, daß es höchste Zeit ist, die weiteren Fragen der Toilette auf sich beruhen zu lassen und für die Runde neuen Wein zu ordern . . .

So reden sie, die Katzenhalter, so reden wir immer noch. Katzen sind gesellige Tiere: Sie unterhalten eine Runde mühelos auch in Abwesenheit. Und wenn es in Wahrheit auch ziemlich gleichgültig ist, wie reinlich der Produzenten-Kater ist, wie früh Samanta die Ohren spitzt, wohin Philemon und Baucis springen, wie Kater Murr aus dem Koffer lugt und warum Marlenchen faucht: Echte Katzenliebhaber erkennt man daran, daß sie stundenlang zuhören könnten. Und abendelang weitere Geschichten hinzufügen möchten. Und dabei sichtbar immer mehr eins werden mit Leo und Samanta, Philemon und Baucis, Murr, Marlenchen und den anderen.

»Gorgeous ist eine
ausgesprochen
reinliche Dame …

… sie schaut sehr
skeptisch, wenn
ich mich an meine
Staffelei setze …

32

… dann faucht sie …

… und schreit, daß sie lieber mit mir schmusen will!«

Malerin Caroline Rausch mit Gorgeous.

»Meine Mimi fängt sogar Kaninchen ...

... sie lauert auf den Bäumen im Hirschgarten ...

... packt ihre Beute ...

... und kratzt dann an der Glastüre, um sie stolz herzuzeigen.«

Schriftsteller Joseph von Westphalen mit Mimi am Laptop.

Nicht ohne meinen Menschen!
Katzen präsentieren sich zum Doppelportrait

Es ist praktisch unmöglich, Menschen mit ihrer Katze abzulichten. Während
Katzenhalter immer wieder den zutiefst anmaßenden Drang verspüren, ihre Selbst-
darstellung mit ihrem Haustier abzurunden, haben Katzen ein feines Gespür dafür,
daß die ihnen hierbei zugedachte Rolle als Dekor ihres Hausmenschen absolut
degoutant ist und mit weit ausgefahrenen Krallen zurückgewiesen werden muß.
Katzen sind schließlich keine Accessoires wie Perlenkettchen, Macho-Uhren oder
Krokotäschchen. Selbst fettleibige kastrierte Kater, die ansonsten neben dem Nichtstun kein Vergnügen mehr kennen, laufen nochmals zu unerwartet großer Form
auf, wenn es gilt, einer Aufnahme zu entkommen, die sie als schoßwärmende oder
schulterhockende Behaglichkeitslieferanten hinstellen könnte. Oder als Statisten im
Ambiente ihres Halters. Oder gar als Dressurnummer ihres Ernährers. »Nicht mit
mir« will das gekränkte Gegrummel sagen, das unter dem Sessel oder dem Sofa her-
aufdringt, bis die Kamera zuverlässig verschwunden ist.

Doch das muß kein Grund zur Resignation sein. Man muß es nur richtig anstellen.
Katzen sind schließlich maßlos eitel, wie Berge von Kalendern und Bildbänden sowie
Zuchtkatzensonderschauen verraten. Höchst fotogen – aber nicht als schmückendes
Beiwerk. Die Katze muß im Mittelpunkt stehen – dann darf sich auch ihr Haus-
mensch dazugesellen.

Ausgerechnet die Sparkassenwerbung entschlüsselt das Rätsel. Dort trumpft ein
unerträglich dynamischer junger Kapitalanleger mit lauter Bildern auf: »Mein
Auto! – Mein Haus! – Mein Boot!« So ähnlich, muß man sich vorstellen, wollen

durchaus auch Katzen renommieren: »Mein Dosenöffner! – Mein Bauchkrauler! –
Mein Toilettenservice!«

In anspruchsvollen Katzenkreisen hat sich herumgesprochen, daß das Hausper-
sonal, wenn es mit ins Bild gerückt wird, durchaus das Sozialprestige hebt. Richtige
Snobs lassen sich »nicht ohne meinen Menschen« ablichten.

»Von Katzen versteht niemand etwas, der nicht selbst eine Katze ist«, stellte die kluge Japanerin Natsume Soseki fest: Minky mit Jazzsängerin Jenny Evans.

Lady Che von Dr. Elisabeth Schweeger würde Che Cuevara heißen, wenn sie ein Kater wäre.

»Als ich ihn wieder vom Tierarzt abholte, wußte ich seinen Namen«: Castro mit Theaterintendantin Elisabeth Schweeger (Wien, München, Frankfurt).

Luna, die furchtsam ist, seit sie in ein Futtersilo stürzte und von Tierschützern gerettet werden mußte, und die Romanautorin Brigitte Riebe (Lara Stern).

Maunzi, auf den Arm genommen von Meisterfotograf Stefan Moses, der gelegentlich sogar ihre Korrespondenz mit Schwabinger Katzenkreisen erledigt.

44

Alles für die Katz: Zwei Siamesen in biblischem Alter, Mutter Salome, 28, und Sohn Felix, 25, mit Autorin Anne Rose Katz auf der Dachterrasse.

Samson und Marianne Sägebrecht (nicht im Bild: Tiger Charlie, Boogie, Chiara, Berlioz und Herki, der eigentlich Herkules heißt, sowie die beiden Zwergziegen).

Der schneeweiße Willy erkundet die Umgebung im Haus am liebsten von der Schulter seiner »Katzenhalterin« aus, der PR-Beraterin Susanne von Lieven-Jell.

Der verflixte Vorführeffekt: Filmkritikerin Ponkie lockt Resi mit einer toten Maus zum Fototermin ...

Aber Resi denkt gar nicht daran, aus der Deckung zu kommen.

Schorschi, der behäbige Schmusekater, ist da ganz anders – er läßt sich auf seinem Lieblingsplatz nieder und ganz entspannt von hinten ablichten.

Bodenhaftung: Moritz mit Chefarzt Dr. Hans Burghart und dem fränkisch sprechenden Kakadu »Bawaroddi«.

50

Murka J. Katz (mit Dr. Josef Joffe und Frau Christine) läßt sich beim Fressen streicheln.

Sheena und Amy, die beiden Siamesinnen, sind der Stolz der Münchner Autorin Dr. Brigitta Rambeck und lassen sich gerne von ihr präsentieren.

52

Lindsay, genannt Mini, wirkt seit vielen Jahren gerne schnurrend mit, wenn die Schauspielerin Michaela May ein neues Filmdrehbuch studiert.

Der rothaarige Perser Musashi vervollständigt eindrucksvoll das exotische Ambiente in der Wohnung der Übersetzerin Dinka Mrkowatschki.

Das anschmiegsame Fräulein Meier, das aus einem Tierheim stammt, und Schauspielerin Gerlinde Locker waren sofort ein Herz und eine Seele.

55

»Er erkennt mich gleich als Katzenliebhaber«: Der Maler und Bildhauer Gershom von Schwarze aus Tel Aviv, den Gastgeber-Kater streichelnd.

56

Guapa, trotz spanischem Namen eine bayerische Vorstadtkatze, teilt sich mit Plüschtieren und Puppen die Liebkosungen der sächsischen Kioskverkäuferin Heidi Bergner.

Die Stubenkatze Sissi belebt zusammen mit Christian Hausperger die »gute Stube« von Ludwig Thomas Haus auf der Tuften am Tegernsee.

Hoch die Tatze: Micky in revolutionärer Pose beim Frühstück im Garten mit dem Fernsehredakteur und Karikaturisten Dieter Hanitzsch.

59

»Schauen Sie, Purzel macht nur, was er will; er läßt sich einfach nicht vorführen!« Birgit Meier, Schneiderin

Der kleine Ladislaus – hier mit seiner Besitzerin und Verkäuferin auf dem Moskauer Tiermarkt – sieht der Zukunft äußerst skeptisch entgegen.

Katerchen Wanja mit seinem Kleinbauern Wladimir Petrowitsch vor dem Holzhaus im sibirischen Omsk: Auch abendliche Melancholie läßt sich teilen.

Psipsina, die kleinste aus dem jüngsten Wurf, läßt sich gerne von Eleni spazierentragen, sogar beim Nachmittagsbummel durch den Ort.

Mavro und Adonis: Man sollte mindestens zu zweit sein. Dann hält man es auch ohne Menschen aus. Zumindest zwischen den Mahlzeiten.

Aus der Beziehungskiste 65

Eigentlich hatte ich mir ja vorgenommen, nichts Abfälliges über Hundehalter zu schreiben, denn sie können nichts dafür, noch nicht auf die Katze gekommen zu sein, und vor allem sind sie alles in allem doch zu viele, als daß man sie gefahrlos vor den Kopf stoßen könnte. Und vielleicht haben sie ja ganz vernünftige und ehrenwerte Gründe, sich für teures Geld kläffende Köter anzuschaffen und mit ihnen dann unsere Gehsteige so zu verunreinigen, daß jeder Tritt in den Grünstreifen neben dem Trottoir zu einem Wagnisunternehmen wird. Wie gesagt, von mir aus hätte ich nichts Abfälliges äußern wollen.

Aber was tun, wenn sie selbst ihr Verhältnis zum Haustier als ungemein schlichte Beziehung präsentieren? Wenn beispielsweise unser Sonntagsspaziergang zum Park von einer Hundeleine gekreuzt wird, weil ein Golden Retriever im Rinnstein zwischen den Hinterbeinen einer Pudeldame herumschnüffeln muß, entschuldigt sich das Herrchen – selbst gestandene Männer werden von Hunden zum Herrchen gemacht! – mit verlegenem Achselzucken und führt gleich vor, daß der Modehund durchaus wohlerzogen ist. Dann sagt Herrchen »Platz«, der Golden Retriever macht »Platz«, und Herrchen strahlt satte Zufriedenheit aus. Mit diesem Spiel von Befehl und Gehorsam konnte man früher ganze Armeen unterhalten, heute nur noch Hundehalter. Mal ehrlich: Ist das nicht von bestürzender Schlichtheit?

Die Beziehungskiste zwischen Menschen und Miezen ist da ungleich differenzierter. Keine Spur von Befehl und Gehorsam, und wenn, dann gebietet die Katze. Aber auch dies geschieht dann ohne Knurren und Kläffen, einfach kraft bezwingender Autorität und höchstens mit einem leise mitschwingenden Vorwurf: Ein sensibler

Mensch hätte längst gespürt, daß ich hinter dem Ohr gekrault werden will! Katzen betteln nicht um Zärtlichkeit, gewähren allenfalls ein zufriedenes Schnurren als Lohn für ausreichende Streicheleinheiten. Wenn sie stillhalten beim Striegeln oder sich auf den Rücken wälzen, um den Bauch gekrault zu bekommen, ist dies gleichzeitig die Forderung nach mehr und immer noch mehr Service und auch schon der ganze Dank für das unermüdliche Bemühen, ihr Wohlergehen zu steigern. Wenn's genug ist, ist's genug: da gibt es dann kein Schwanzwedeln, Hinterherlaufen oder Folgsamsein mehr. Wem das nicht reicht, der ist einfach nicht würdig, einer Katze zu Diensten zu sein. Und ahnt nicht, was ihm entgeht.

Doch Katzen sind nicht nur unersättlich verwöhnungsbedürftige Luder, sie können auch Trostspender sein, nonverbale Gesprächspartner, ja wegen ihrer Fähigkeit zu stundenlangem widerspruchslosen Zuhören sogar Gesprächstherapeuten, Spielgefährten sowieso, zärtliche Liebhaber mit verführerischem Schnurrton oder geheimnisvolle Geliebte mit seidig glänzendem Fell, fesselnde Dauerrätsel mit sphinxhaftem Blick, Familienmitglieder, die wahlweise verständnisvolle Eltern oder wohlgeratene Kinder ersetzen, Mitbewohner, die eine Wohnung schon beseelen, ehe man nach Hause kommt, begnadete Unterhaltungskünstler, die aus einem Korken oder einem Staubfussel mehr machen können als private und öffentlich-rechtliche Fernsehanstalten aus der besten Sendezeit.

Vor allem sind sie ideale Projektionsflächen. Was kann man nicht alles in seine Katze projizieren!? Aufrichtiges Mitleid wegen des ganztägigen Bürofrusts, murrenden Zorn wegen des Bundesliga-Tabellenstands, vollstes Verständnis für die Wut auf die neue Software, kalte Verachtung für das Hundegebell aus dem ersten Stock, tiefe Dankbarkeit für das Frischfleisch anstelle des gewohnten Dosenfutters, gemeinsamen Stolz auf die neue, noch nicht zerkratzte und zerfetzte Sitzgarnitur. Katzen sind ja so gefühlvoll! Und wir kennen, wir teilen ihre Gefühle, weil sie unsere teilen.

In meinem luziden Momenten – die wie bei allen Katzenliebhabern aber selten sind – frage ich mich schon, ob ich Giovanni und Lola nicht furchtbar verkenne, ob sie nicht in Wahrheit vielleicht ein schrecklich ungehobeltes Gefühlsleben haben, ob ihnen möglicherweise nichts anderes am Herzen liegt als Fressen, Saufen und ein schönes Plätzchen mit Ausblick, nicht anders als ganz gewöhnlichen Touristen. Und wer würde schon einen Touristen kraulen?

In der Tat sind solche Zweifel am wahren Wesen der Katzen nicht leicht wegzufegen, denn richtige Nachhaltigkeit entwickeln sie wirklich nur, um die sofortige Fütterung zu erzwingen und das wärmste Plätzchen der Wohnung mit der weichsten Unterlage und dem schönsten Blick zu erobern. Haben wir uns alles andere – den Trost, das Verständnis, die Liebe – vielleicht nur eingebildet?

Nein, nein und nochmals nein! Katzen haben eine Seele, wie könnten sie sonst ganze Wohnungen damit erfüllen! Katzen vertrauen und lieben uns – und nur uns! –, warum würden sie sonst um Fremde einen großen Bogen machen? Und hat Giovanni nicht die Phantasie und Geisteskraft eines orientalischen Geschichtenerzählers, wenn er in einem Wollknäuel einen grimmigen Feind erkennt, ihm auflauert und nachstellt, sich mit beiden Pfoten auf ihn stürzt, ihn ins Genick beißt,

ihn gerade zum Spaß nochmals entweichen läßt, sich dann aber auf den Hinterpfoten aufbäumt und den Kerl nochmals zu fassen kriegt, mit ihm ringend zur Seite
kippt und ihm dann mit den Krallen der Hinterpfoten den Rest gibt, bis der Feind –
zerrissen und zerzaust – als Bild des Jammers zusammenbricht. Giovanni aber er-
hebt sich nach dieser High-noon-Szene wieder, als ob nichts gewesen wäre, leckt sich
seine erbarmungslose Linke und blickt kühl in die Runde, ob das jetzt auch allen
eine Warnung gewesen ist. Aber weil außer mir gar keiner da ist, muß ich ihm jetzt
sagen, daß er das wieder mal prächtig gemacht hat.

Es kann doch nicht sein, daß ich mir das alles nur einbilde. Nein, er hat es sich eingebildet, und ich habe nur Verständnis dafür, weil sonst er immer so verständnisvoll
mir gegenüber ist. Beziehungskisten mit Katzen muß ja nicht jeder verstehen. Das
trifft uns nicht. Es gibt uns allenfalls etwas Elitäres.

Die Chinesen teilen ihr Leben in Jahre verschiedener Tiergattungen ein, ins Jahr
des Schweins, des Drachen, der Schlange, des Tigers. Katzenliebhaber kennen nur
Jahre der Katze, teilen ihr Leben, wenn es gut und köstlich ist, allenfalls in Ab-
schnitte verschiedener Katzen ein, die ihnen für eine Reihe von Jahren Lebensge-
fährten (gewesen) sind.

In meinem Fall beispielsweise waren die Schuljahre die Jahre mit Walla, einem
weißen Kätzchen, das wir von einem Familienausflug auf den Wallberg von der
Almhütte heimgebracht hatten und das über die Eintönigkeit des Vokabellernens
hinwegtrösten durfte, bis unser Vater seine Katzenhaarallergie entdeckte. Also eine

Zäsur der katzenlosen Zeit bis zum ersten Semester, als ich mir aus einem Fellknäuel auf einem Bauernhof Schwarznas und Weißnas aussuchen durfte. Schwarznas hatte das bedrohliche Aussehen eines Piraten mit Augenklappe und trieb sich nächtelang in Kohlenkellern herum, Weißnas wies wohlgeordnete Gesichtszüge mit symmetrischem Schnurrbart auf und bestritt mit ihrem konsequenten Nichtstun auf dem Fensterblech der Parterrewohnung sogar teilweise ihren Lebensunterhalt: Weil sie die frühere Besitzerin des Schwabinger Kinos an deren ersten Liebhaber erinnerte, einen Captain der US-Army, bekam sie immer wieder Fleisch von der Freibank mitgebracht.

Als beide Katzen gleichzeitig einen stattlichen Wurf zustande brachten und der Flur meiner Wohngemeinschaft nur noch mit schlurfenden Schritten durchquert werden durfte, damit man kein Kleines zertrat, galten meine dringenden Empfehlungen im Bekanntenkreis, das ansonsten freudlose Dasein lieber mit zauberhaften kleinen Katzen zu teilen, eine Zeitlang als nicht ganz uneigennützig.

Nachdem Schwarznas von einem nächtlichen Streifzug nicht mehr zurückkehrte, folgte »Fünferl«, die so hieß, weil sie die fünfte eines Wurfes war. Damals, in den 70ern, waren weit ausgestellte Hosen Mode, so daß sie an der Innenseite erschreckend hoch klettern konnte. Sie saß zwei juristische Examensvorbereitungen lang auf meinem Schoß und war trotz ausgiebiger Schmusereien so eifersüchtig auf meine Frau, daß sie am liebsten mit deren Nachthemd herumlief – mit einer Schleppe von mehrfacher Körperlänge. Als sie altersschwach aus dem Leben geschieden war, haben wir sie mitten im Winter und in stockfinsterer Nacht – Jura hin,

Jura her – illegal in einem Weinkistchen im Englischen Garten bestattet. Und dann kamen Giovanni und Lola . . .

Aber lassen wir das. Wichtig ist nur, daß wir unser Leben, wenn wir es in seinem ganzen Reichtum darstellen wollen, nicht in Wohnsitze, Arbeitsverhältnisse oder Besoldungsstufen gliedern sollten, sondern in die Lebensabschnitte mit unseren Katzen.

Was aber bleibet, stiften die Dichter. Und wie formulierte Rainer Maria Rilke so treffend: »Das Leben und dazu eine Katze, das gibt eine unglaubliche Summe.«

Großer Kater, große Liebe: Tommi und die Ärztin Dr. Helga Bernhard.

Schmuserei am
Küchentisch:
Chefarzt Dr. Hans
Burghart und
Schnurri.

Lady Che von Dr. Elisabeth Schweeger wird am liebsten auf dem Teppich gekrault.

Zwiegespräch in
der Abendsonne:
Bildhauer Edmund
Puchner und
Goldie.

Hört auf ihre
Katze Resi: Film-
kritikerin Ponkie.

Spricht mit Kater Berlioz: Schauspielerin Marianne Sägebrecht.

Your hands are my castle: Cleopatra und Fahrer Manfred Haugg.

Spielt mit seinem
Kater Oskar:
David.

Angorakater II Re duldet sogar Gastkatzen bei der Grafikerin Constanze Murdoch.

80

Lola und Schauspielerin Elisabeth Wicki-Endriss verknäuelten sich sofort auf dem Fußboden miteinander.

Mücke läßt sich leidenschaftlich gern von SZ-Redakteurin Inés Berber striegeln.

Kartäuser Alex und Filmproduzent Theo Hinz nach dem Rückflug aus Berlin.

Die Französin
Joucas
Nase an Nase
mit Beatrice
und Ilona
Schiedermair.

84

AZ-Kolumnist
Dr. Martin Schäfer
beim Versuch, mit
Kater Bubu auf
gleicher Augen-
höhe zu kommuni-
zieren.

Fiordiligi und die
»stolzen Eltern«,
tz-Stadtschreiber
Hans Riehl und
Ehefrau Eva.

Kater »Kater« nimmt Streicheleinheiten von Dokumentar-Filmproduzent Wolfgang Groth wohlig entgegen.

Ehe zu dritt:
Maunzi mit Else
und Stefan Moses.

Bei der Arbeit

Die Frage, ob Katzen überhaupt arbeiten, führt uns schnell an die Grenzen unserer erkenntnistheoretischen Möglichkeiten. Was ist Arbeit eigentlich? Und ist dies der Katze auch bewußt?

Daß eine Tätigkeit erst durch den Verdienst zur Arbeit veredelt werde, wird im Jahr des Ehrenamtes und der Freiwilligenarbeit kein offizieller Mensch zu behaupten wagen. Insofern könnte alles, was Katzen ganztags außer Fressen und Schlafen treiben, durchaus freiwillige Arbeit sein.

Kommt es auf den Sinn der Tätigkeit an? Daß alle unsere Arbeit sinnvoll sei, glauben wir doch im Ernst selbst nicht. Und wer dürfte darüber entscheiden? Giovanni hält es für sinnvoll, unter allen Teppichen kleine Tunnel durchzugraben, die er unermüdlich maulwurfartig anlegt. Ich wiederum halte dies nicht für sinnvoll, sondern für störend und lästig. Die Machtfrage habe ich entschieden (mit Klebebändern). Aber die Sinnfrage?

Und wann soll die Sinnfrage entschieden werden? Manche scharfkrallige Zerlegung einer geschmacklich verirrten Polstergarnitur erscheint auf den ersten Blick als barbarischer Akt roher Zerstörungswut, auf lange Sicht und von höherer ästhetischer Warte aus aber als durchaus wertvoller Beitrag zum gemeinsamen Schöner Wohnen, ebenso konstruktiv wie die teure Arbeit eines Sprengmeisters, der Platz schafft für einen Neubau.

Sollte es etwa darauf ankommen, ob die Tätigkeit nur aus Jux und Tollerei verrichtet wird oder aus übergeordneten Gesichtspunkten? Wer so unterscheiden will, hat die Spaßgesellschaft nicht verstanden, in der wir leben: Daß alles Spaß machen muß, ist doch der höchste Gesichtspunkt überhaupt. Ein Wollknäuel abzuspulen und um verschiedene Stuhlbeine herumzuführen bringt zeitgemäßen Spaß; wer es ordentlich wieder aufwickelt, ist einfach bloß out.

Sollte es schließlich entscheidend sein, ob die Tätigkeit für die Außenwelt von Belang ist? Auch hier ist vor schnellen Trugschlüssen zu warnen. Natürlich scheint die unermüdliche, systematische Jagd nach der Spitze des eigenen Schwanzes jeglicher gesellschaftlichen Relevanz zu entbehren. Aber ist es deshalb keine Arbeit? Dann dürften wir ja auch den Aktenumlauf in unseren Ministerien nicht als Arbeit gelten und vor allem fürstlich entlohnen lassen. Was ist schon Arbeit? Fragen über Fragen.

Fangen wir lieber mit dem Einfachen an: Katzen müssen nicht arbeiten, was immer das auch im einzelnen sein mag. Katzen müssen nämlich überhaupt nichts. Mit dem Entschluß der vermutlich mesopotamischen Ur-Hauskatze, der Wildnis den Rücken zu kehren und in menschlichen Behausungen zu dominieren, wurde auf kätzischer Seite das Reich der Notwendigkeiten für immer verlassen und statt dessen ein nie mehr endendes Zeitalter der luxuriösen Verwöhnung eingeläutet, was allerdings auf menschlicher Seite den Zwang begründete, unablässig den zu Hause regierenden Katzen niedere Frondienste zu leisten.

Die Katze braucht nicht zu arbeiten, um ihren Lebensunterhalt zu sichern, denn sie hat diese Aufgabe erfolgreich dem Menschen auferlegt. Sie braucht auch nichts für ihre Existenzberechtigung zu tun, denn ihre Existenz bedarf keiner Berechtigung, sondern ist eine Gnade, die sich freilich nur dem erschließt, der auch zu den Frondiensten bereit ist. Deshalb verbietet sich die Frage, ob sich Katzen nützlich machen können oder gar müssen wie beispielsweise Wachhunde, die man von der Steuer absetzen darf, von selbst. Wenn Katzen etwas von steuerlichen Fragen verstünden, was getrost ausgeschlossen werden darf, wären sie allenfalls darüber befremdet, daß die Katzenhaltung nicht vergnügungssteuerpflichtig ist.

Was aber, wenn Katzen Tätigkeiten nachgehen, ja sogar nachjagen, die wir gemeinhin als Arbeit anerkennen? Also beispielsweise im Kramerladen die Waren durcheinanderbringen, um so effektvoll den Eindruck hervorzurufen, daß schon zahlreiche Kundschaft vorbeigekommen wäre und größtes Kaufinteresse an den Tag gelegt hätte? Oder wenn Katzen alle Kronenkorken systematisch unter den Kühlschrank kicken, die sonst in der Küche chaotisch herumliegen und Gästen von Saufgelagen erzählen würden?

Giovanni tut dies. Unermüdlich sogar, mit einem geradezu kleinbürgerlichen Perfektionismus. Aber ich bin sicher, daß er dies in der fröhlichen Gewißheit tut, uns damit tratzen zu können. In Wahrheit sind wir froh, daß die Korken verschwinden. Giovanni würde seiner Tätigkeit sicher nicht nachgehen, wenn er wüßte, daß sie durchaus erwünscht ist. Dies führt uns zur Frage aller Fragen, zum Wesen der Arbeit. Kann man überhaupt unbewußt arbeiten?

Fest steht, daß sich Katzen in ihrem Selbstverständnis niemals auf ein »Ich arbeite, also bin ich« herablassen würden. Wenn man näher studiert, welchen Tätigkeiten Katzen tatsächlich mit einer gewissen Konsequenz und Konzentration und nicht nur mit spielerischer Zufälligkeit nachgehen, erkennt man schnell ihren Anspruch, »ihren« Menschen zu größerer Kreativität zu beflügeln – sei es als inspirierendes Modell, als skeptische Kunstbetrachterin oder vor allem in atmosphärischen Fragen versierte Beraterin.

Wenn die Katze denn überhaupt für die arbeitsamen Augenblicke ihres Daseins ein Arbeitsethos hat, ist es an ihren Menschen gerichtet und lautet: »Ich bin – also tu was!«

Ariadne auf Naxos (das stimmt wirklich!), die Fäden in einem Laden verwirrend.

Computerarbeit ist Teamwork: Hellöö, Huhu und Schmidtchen mit Redakteurin Angelika von Hatzfeld.

Wo ist die Mouse?
Runter damit!
Pitti und die Übersetzerin Astrid Althammer.

Fräulein Meier geht sogar mit, wenn Schauspielerin Gerlinde Locker die Morgenzeitung holt.

Im Dienst der Coast-Guard: Petros hat den Hafen fest im Visier.

98

Amber arbeitet täglich als Blickfang in der »Naturfundgrube« von Sigrid Burg.

»Halt doch mal still!«

»Das soll ich sein?«

100

»Her mit dem
Pinsel!«
Kater Anton und
Zeichner Reinhard
Michl.

Schlampi beäugt stets als erste neue Arbeiten der Malerin Johanna Maria Pfeiffer.

Micky will dabeisein, wenn Dieter Hanitzsch karikiert …

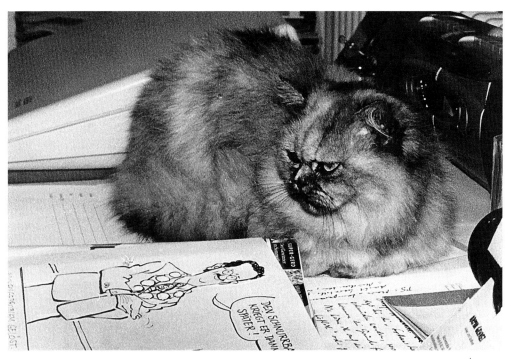

… auch wenn sie hinterher »not amused« ist.

Zwischen drinnen und draußen

Vom Monaco Franze, genauer gesagt: von Helmut Fischer, dem der »ewige Stenz«
auf den Leib geschrieben worden war, haben wir gelernt, was ein »Katerplatz« ist.
Wenn wir mit Helmut in ein Café oder Restaurant kamen, ließ er sich vom be-
flissenen Kellner kein verschwiegenes Plätzchen und keine repräsentative Tafel auf-
schwätzen, sondern suchte mit untrüglichem Gespür jenen Tisch, von dem aus
man den größten Teil des Lokals im Auge behalten konnte, das Kommen und
Gehen im Eingangsbereich sah und vor allem von jedem zwangsläufig gesehen
wurde. Der Platz mit den allerbesten Sichtverhältnissen war der Katerplatz – und
wurde prompt vom Monaco eingenommen um den Preis zahlreicher Autogramm-
wünsche. Er fand diese Wünsche schrecklich und konnte sich nur eine Steigerung
des Schreckens vorstellen: daß sie ausbleiben würden.

So sind Kater. Sehen und gesehen werden. Auch wenn manche Annäherung nur indigniert ertragen wird. Die Szene im Blick und von der Szene wahrgenommen werden. Die Zeiten, in denen sie im Halbdunkel des Hinterhofs herumlungerten und
hinter den Aschentonnen Mäusen auflauerten, sind doch vorbei.

Die schönsten Katerplätze bietet das Fensterbrett. Zwischen drinnen und draußen:
Man bleibt in der Wohnung und lebt auf der Straße. Bekommt alles mit, wenn sich
in der Küche was tut, und kann auf die größten Hunde gelangweilt herabsehen.
Selbst Katzenfänger und der Autoverkehr können dem Fenstergucker nichts
anhaben.

Der Platz am Fenster ist wahlweise Hochsitz oder Präsentierteller, Aussichtsplattform oder Theaterbühne, Zwischenraum oder vorgeschobener Wachposten.

Erdgeschoß-Katzen halten regelrecht hof. Nur in Filmtiteln schleichen Katzen pausenlos auf dem heißen Blechdach herum und lassen das Mausen nicht. Die Realität ist viel nüchterner, aber auch sicherer: Die Katze sitzt auf dem Fensterbrett und träumt vom Mausen.

Stilles Einverständnis zwischen drinnen und draußen.

Träumen am
Fenster:
Pippin Brasch
und Koschka
Kokoschka.

Amsterdam:
Teilhaben am
Straßenleben.

Lissabon: Das
Fenster als Bühne.

Ist denn im Hinterhof heute gar nichts los? Bimsi und Tschammi.

Schattenspiele in der Nachmittagssonne.

Draußen ist
es richtig gefähr-
lich ...

Wenzl und Autorin Utta Fischer-Martin auf dem Balkon.

116

Edelkatze Amber und Halbedelsteine in der Auslage.

Mittagsschlaf auf dem Schaufenster.

Lucky Luke, immer auf der falschen Seite der Tür!

Die Lösung für Klärchen: Eine Tür durchs Fenster.

Nachsaison in der Provence.

Ein finsteres Kapitel 121

Das Zusammenleben von Menschen und Miezen ist eine einzige Harmonie, unterbrochen allenfalls von einigen krisenhaften Erschütterungen, wenn die Katzen was zum Fressen bekommen wollen. Also pausenlos.

Dies ist ein finsteres Kapitel, bei dem fraglos die kriminelle Energie im Vordergrund steht und alle anderen Motivationslagen vergessen läßt. Es beginnt mit Lug und Trug, steigert sich aber zu gut organisierten Raubzügen. Gelogen und betrogen wird praktisch jeden Morgen. Kaum hat der Wecker geklingelt, beginnt das Wehklagen in der Küche vor dem leeren Napf: Hunger! Wir hungern! Warum hört uns denn keiner? Wir verenden!

Als Kavalier der alten Schule lasse ich natürlich meiner Frau den Vortritt, als Dosenöffner in Aktion zu treten. Ich höre genau, wie der Deckel aufspringt, das Messer die Dose ausschabt, der Napf auf den Boden gestellt wird. Also müßte die Luft jetzt rein sein ... Aber was behauptet Giovanni, wenn ich mich an der Küche vorbeistehle? Hunger! Wir beiden armen Katzen hungern! Wir haben seit Tagen nichts zu fressen bekommen! Wir fallen vom Fleisch, sind schon ganz dürr! Wenn jetzt nicht sofort was Feines in den Napf kommt, werde ich den Tierschutz einschalten, mich an die Presse wenden, das gäbe erst einen Skandal: So ein Wohlstandshaushalt mit vollem Kühlschrank, und mittendrin läßt man zwei Katzen verhungern!

Also mache ich – nur um des lieben Friedens willen und selbstverständlich ohne Anerkennung einer Rechtspflicht – noch eine Dose auf, stelle den Napf hin – und kann zusehen, wie Giovanni einmal schnuppert und indigniert die Küche verläßt. In sol-

chen Momenten könnte man das Vieh einfach an die Wand werfen. Ein Freund hat
mir sogar einmal ein Katzenhasserbuch geschenkt, in dem verschiedene technische
Apparate abgebildet und erläutert waren, mit denen man Katzen an die Wand
schleudern kann. Es liegt gut versteckt in der Schublade unter dem Schreibpapier,
wie andernorts Pornoheftchen.

Dabei ist Lug und Trug nur der Anfang der kriminellen Betätigung. Wenn ich auf
das Wehklagen vom kurz bevorstehenden Hungertod nicht hereinfalle, schlägt Giovanni einfach direkt zu. Während Lola im Flur Schmiere steht oder einfach nur
ablenken soll – ich gehe jedenfalls von einem bewußten und gewollten Zusammen-
wirken aus –, holt er Würstchen aus dem Kochtopf oder ein riesiges Lachsstück von
der Anrichte (der Lachs war allerdings ohnehin für Gäste bestimmt, so daß diese
Attacke nicht allzu tragisch war; die herausgebissenen Löcher konnte ich mit etwas
Petersilie gemütvoll garnieren).

Dabei ist Giovanni gar keine besonders schlechte Katze – sie sind alle so!
Ich habe mir schon während meines Studiums bei Einladungen von Kommilitoninnen
vegetarische Spruchweisheiten anhören müssen, die davon ablenken sollten, daß die
beiden Hauskatzen das schon beflissen in Würfel geschnittene Fonduefleisch gemopst
hatten. Und selbstverständlich gibt man sich als wohldressierter Gast mit schwarzem
Kaffee ohne Milch und Zucker (»ganz schwarz bitte, ohne alles«) zufrieden, wenn
der Gastgeber-Kater schon fünfzehnmal ganz tief ins Milchkännchen gelangt hat,
um sich die köstlich mundende Pfote immer wieder aufs neue ablecken zu können.

Im Grunde ist ja auch noch gar nicht entschieden, was nun lächerlicher ist: in der eigenen Wohnung ständig wie Rumpelstilzchen aufzustampfen, in die Hände zu klatschen, dauernd »Kusch! Kusch!« zu rufen und ein Arsenal von Spritzpistolen bereitzulegen, um sich technisch innovativ Respekt zu verschaffen (und die eigene Bibliothek zu wässern) – oder bei allen Mahlzeiten einfach für die Katzen mit aufzudecken, was einerseits nicht ganz einzusehen ist, einem andererseits aber zahllose Autoritätskonflikte erspart.

So oder so: Die Freßsucht der Katzen ist ein finstres Kapitel. Aber satt sind sie unheimlich gut zu haben.

Giovanni, beim Diebstahl die Tür im Auge behaltend.

Den Lachs hol ich mir doch mit links.

Sheena und Amy
finden Kuchen zu
schade für Gäste.

Was Koschka
Kokoschka bei
Pippin Brasch
darf ...

128

... versucht die
Geologin Gabriele
Harrer ihrer Goldie
zu verbieten.

Lucky Luke beim tiefen Griff ins Milchkännchen.

Bubu besticht die Journalistin Ursula Trost-Schäfer mit gepflegten Tischmanieren.

Mini darf schon schlabbern, wenn Michaela May noch mit der Zubereitung befaßt ist.

Aha: Fisch.
Viel Fisch sogar.
Da heißt es ...

133

… schnell und unerwartet angreifen …

… und sofort verschwinden.

134

Mit milden Gaben kommt der Fischer einem Fisch-Diebstahl zuvor.

Von wegen Urlaub: Christian Ude, Enkel Max und Sebastian bei der täglichen Raubtierfütterung.

Nachts schlafen die Katzen doch

Nein! Nicht auch noch im Urlaub! Zu Hause, da ist es etwas anderes, da habe ich mich daran gewöhnt. Habe ich mich gefügt. Weil es einfach dazugehört, auch mit Niederlagen zu leben. Aber in den Ferien sollte es doch anders sein! Schließlich macht es doch den Reiz auch noch des tristesten Kongreßhotels aus, daß man sich im fremden Bett wälzen kann, wie man will, nach Belieben rekeln, eng zusammenkauern oder gestreckt hinlegen, in jeder gewünschten Reihenfolge, ohne Katze weit und breit.

Zu Hause habe ich inzwischen jede Menge Kompromisse geschlossen, aber ich kann – so sagt man wohl heutzutage – »damit umgehen«. Zu den Kompromissen gehört, daß das Schlafzimmer zwar für die Katzen tabu ist, ein strengstens verbotener Raum, weil wir auch einmal unsere Ruhe haben wollen, daß aber die Schlafzimmertür nachts offen bleibt, weil Lola und Giovanni verschlossene Türen nun einmal nicht ausstehen können. Bei wohlwollender Betrachtung könnte man sagen, daß wir alle unseren Willen bekommen: wir das Verbot, die Katzen den Zutritt. Das hat nichts mit Nachgiebigkeit oder gar Inkonsequenz zu tun, nur mit Klugheit: Blöd wären wir, die Tür zu schließen und uns nachts durch nervtötende Kratzgeräusche aus dem Schlummer reißen zu lassen.

Es reicht, daß sie nicht ins Bett dürfen, was ich wirklich unhygienisch und unappetitlich fände. Es soll ja Hundehalter geben, die sogar triefende Dalmatiner das Plumeau vollsabbern lassen. Tiere im Bett – einfach widerlich! Allerdings muß man zugeben, daß es an kühlen Abenden, wenn es unten zur Bettdecke kalt hereinkommt, gar nicht unangenehm ist, wenn eine Katze am Fußende Platz nimmt und behagliche Wärme verbreitet, wo es eben noch hereingezogen hat. Giovanni als Nutztier – darauf würde sich der bewußte und bekennende Taugenichts niemals einlassen, aber er ist sich seiner Nützlichkeit gar nicht bewußt, will es sich nur selber komfortabel einrichten. Gewissermaßen habe ich ihn also überlistet, wenn ich ihn als Bettwärmer am Fußende wirken lasse.

Allerdings bleibt er nicht lange dort. Erst tastet er sich kunstvoll balancierend auf meiner rechten Wade nach oben, versucht sich aus lauter Rührung sogar im Milchtritt, läßt sich dann aber wie ein Kartoffelsack in meine Kniekehle plumpsen. Absolute Regungslosigkeit kündet vom Wunsch nach sofortiger Bettruhe. Direkt tragisch ist das ja nicht, weil ich mich ohnehin so hingelegt hatte, um endlich einzuschlafen. Apropos einschlafen: Morgen ist wieder ein langer, strapaziöser Tag mit vielen Sitzungen, da sollte ich gut ausgeschlafen sein. Also sofort einschlafen – wie Giovanni, der schon seinen monotonen Schnurrton von sich gibt. Ein Seelchen, dieser Kater, eine Szene des Friedens, dieser Tiefschlaf in meiner Kniekehle.

Das einzig Dumme an der Situation ist, daß ich auf der anderen Seite liegen müßte, um einschlafen zu können. Während Giovanni schon davon träumt, daß die Agrarminister der Europäischen Union auch noch einen Mäuseberg anlegen, treibt mich nur noch ein Wunsch um: auf die andere Seite legen! Aber das geht natürlich nicht. Schließlich will ich ihn nicht, auch wenn er jetzt durchaus eher ein wenig lästig ist, beim Umwälzen zerdrücken und zermatschen. Außerdem bleibt er ja nicht ewig in der Kniekehle. Die Erfahrung lehrt, daß es ihm irgendwann fad wird und er dann noch weiter hinaufstapft, um schließlich mit weit vorgestreckter Pfote an meine

Nasenspitze zu stupfen und so ein Halskraulen zu bestellen. Nicht, daß ihm das zuständе (so weit kommt's noch!), aber er kann sich halt darauf verlassen, daß ich als der Klügere nachgebe, bevor er grantig wird und seine Krallen ausführt, was ich bei Griffen nach meiner Nasenspitze auf den Tod nicht ausstehen kann. Diesen Augenblick, in dem er in den Arm genommen und gekrault werden will, kann man übrigens hervorragend ausnützen, um sich im allgemeinen unübersichtlichen Gebalge schnell auf die andere Seite zu legen, gleichsam unbemerkt. Nur: es ist noch nicht soweit.

Der Mäuseberg wächst und wächst. Zum drittenmal gehe ich die Termine des morgigen Tages durch, bereite mich gedanklich auf jede Eventualität vor (Katzenliebhaber sind auf alles gefaßt). Dann endlich: Giovanni geruht, sich zu rekeln, gleich wird er hochstapfen, mich irrtümlich im Tiefschlaf wähnen und an der Nase zupfen – und dann kommt meine Emanzipation zum Durchbruch, dann packe ich ihn mir und drehe mich, wohin ich will. Viel Auswahl habe ich allerdings nicht: halt auf die andere Seite.

Zu Hause, wie gesagt, hat sich das alles eingependelt. Leute, die das nicht verstehen können, weil sie an einer Katzenhaarallergie leiden oder seelisch verroht sind, bekommen das alles zum Glück ja nicht mit.

Aber im Urlaub, wenigstens im Urlaub, sollte alles anders sein. Keine Termine am nächsten Tag – und keine Katze im Bett. Und jetzt das: sanfter, wechselnder Druck am Fußende. Wer kann es wagen, wo schon der Zutritt zum Ferienhäuschen streng

untersagt ist? Vielleicht Miti, die zahnlose und gleichwohl glänzend gepflegte drei-
farbige Glückskatze, die Ausgestoßene des Insel-Rudels, die stets meines Mitgefühls
sicher sein darf? Oder Matze, dem ein mißgünstiger Kater in den letzten Tagen
eine große Wunde ins Gesicht geschlagen hat, so daß ihm neuerdings auch mein
Mitleid gilt? Oder der schwarzweiß gefleckte Frechdachs, der mich so stark an
meine erste schwarzweiße Katze erinnert?

Wer auch immer: Am besten wäre es wohl, den Eindringling einfach zu überlisten
und eiskalt dafür zu mißbrauchen, daß er mir das Fußende wärmt . . .

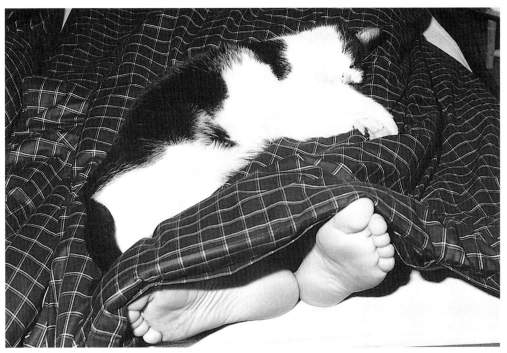

Es beginnt ganz
harmlos am
Fußende …

… und endet
regelmäßig Nase
an Nase.

Schlaf der Gerechten: Mini und Jungschauspielerin Lilian Schiffer.